日本語能力試験

JLPT

Japanese-Language
Proficiency
Test

公式問題集

第二集

N5

level

音声CD・1枚付

JAPANFOUNDATION　　国際交流基金

JEES　　日本国際教育支援協会

にほんごの
凡人社
BONJINSHA

はじめに

　日本語能力試験は、日本語を母語としない人の日本語能力を測定し認定する試験として、国際交流基金と日本国際教育支援協会が 1984 年に開始しました。当初、15 か国で実施し、約 8,000 人の応募者でスタートした本試験は、2017 年には 81 の国・地域で実施し、100 万人を超える応募者がある、世界最大規模の日本語の試験に成長しました。日本国内においては全都道府県で実施するにいたっています。

　開始から 34 年の時を経て、試験の活用方法は多様化しました。当初は、主に個人の実力測定や進学の目安として活用されていましたが、現在では、日本の国家試験や出入国管理制度の中で採用されるなど、日本社会の重要な場面において活用されるようになったほか、世界中で様々に活用されています。

　本試験の詳細については、日本語能力試験公式ウェブサイト（www.jlpt.jp）でご覧いただけます。また、2009 年には『新しい「日本語能力試験」ガイドブック』と『新しい「日本語能力試験」問題例集』を、2012 年には『日本語能力試験公式問題集』を発行しています。そしてこのたび、よりよく試験を知っていただけるよう『日本語能力試験公式問題集 第二集』を発行することといたしました。

　本問題集の構成・内容は次のとおりです。
1．本問題集は、「N1」「N2」「N3」「N4」「N5」の 5 冊に分かれています。
2．各レベルとも、試験の 1 回分に相当する問題数で構成されています。
3．試験の練習に使えるよう、問題用紙の表紙と解答用紙のサンプルを掲載しています。
4．「聴解」の試験問題用の CD がついています。また「聴解」の音声を文字にしたスクリプトを掲載しています。
5．実際の試験問題と解答用紙は A4 判です。本問題集では実物より縮小してあります。
6．本問題集の試験問題と解答用紙、正答表と聴解スクリプト、CD の音声は、日本語能力試験公式ウェブサイト（www.jlpt.jp）からダウンロードすることができます。

　本書が学習機会の拡大につながり、日本語教育関係者の参考になれば幸いです。

2018 年 12 月

独立行政法人　国際交流基金　　　公益財団法人　日本国際教育支援協会

目　次

1

<ruby>試<rt>し</rt></ruby><ruby>験<rt>けん</rt></ruby><ruby>問<rt>もん</rt></ruby><ruby>題<rt>だい</rt></ruby>

N5

げんごちしき（もじ・ごい）

（25ふん）

ちゅうい
Notes

1.　しけんが　はじまるまで、この　もんだいようしを　あけないで　ください。
　　Do not open this question booklet until the test begins.

2.　この　もんだいようしを　もって　かえる　ことは　できません。
　　Do not take this question booklet with you after the test.

3.　じゅけんばんごうと　なまえを　したの　らんに、じゅけんひょうと
　　おなじように　かいて　ください。
　　Write your examinee registration number and name clearly in each box below as written on your test voucher.

4.　この　もんだいようしは、ぜんぶで　8ページ　あります。
　　This question booklet has 8 pages.

5.　もんだいには　かいとうばんごうの　1 、 2 、 3 … が　あります。
　　かいとうは、かいとうようしに　ある　おなじ　ばんごうの　ところに
　　マークして　ください。
　　One of the row numbers 1 , 2 , 3 … is given for each question. Mark your answer in the same row of the answer sheet.

じゅけんばんごう Examinee Registration Number	

なまえ　Name	

もんだい1 _____の ことばは ひらがなで どう かきますか。

1・2・3・4から いちばん いい ものを ひとつ えらんで ください。

(れい)　しゃしんは　かばんの　下に　ありました。

1　ちだ　　　　2　しだ　　　　3　ちた　　　　4　した

(かいとうようし)　| (れい) | ① ② ③ ● |

1　あしたは　雨ですか。

1　ゆき　　　　2　はれ　　　　3　くもり　　　　4　あめ

2　きょうしつで　書いて　ください。

1　かいて　　　　2　きいて　　　　3　はいて　　　　4　ひいて

3　しゃしんは　はこの　中に　あります。

1　そば　　　　2　そと　　　　3　なか　　　　4　よこ

4　この　いすは　小さいです。

1　ちいさい　　2　ちさい　　　3　しいさい　　4　しさい

5　あしたは　火よう日です。

1　どようび　　　　　　　　2　すいようび

3　かようび　　　　　　　　4　にちようび

6　きれいな　空ですね。

1　いえ　　　　2　うみ　　　　3　にわ　　　　4　そら

文字・語彙

7 せいとは 百人 います。

1 ひゃくにん 　　　　　　　2 びゃくにん

3 ひゃくじん 　　　　　　　4 びゃくじん

8 魚が たくさん いますよ。

1 ねこ 　　　　2 とり 　　　　3 いぬ 　　　　4 さかな

9 パンを 半分 ともだちに あげました。

1 はんふん 　　2 はんぶん 　　3 ほんぶん 　　4 ほんふん

10 ぎんこうと スーパーの 間に ほそい みちが あります。

1 あいた 　　　2 となり 　　　3 あいだ 　　　4 どなり

11 たまごを 三つ とって ください。

1 いつつ 　　　2 みっつ 　　　3 さんつ 　　　4 ごつ

12 きょうは 元気が いいですね。

1 けんき 　　　2 げんき 　　　3 でんき 　　　4 てんき

もんだい2 ＿＿＿の ことばは どう かきますか。1・2・3・4から
いちばん いい ものを ひとつ えらんで ください。

（れい）　この みちは くるまが おおいです。

　　　　1 運　　　　2 里　　　　3 車　　　　4 軍

　　　（かいとうようし）　（れい）　① ② ● ④

13 この わいしゃつを ください。
　1 ウイシャソ　　　　　　　2 ウイシャツ
　3 ワイシャソ　　　　　　　4 ワイシャツ

14 わたしの くには かわが おおいです。
　1 花　　　　2 山　　　　3 川　　　　4 木

15 ヤンさんの がっこうは どこですか。
　1 宇校　　　　2 学校　　　　3 宇枚　　　　4 学枚

16 この ざっしを みて ください。
　1 見て　　　　2 買て　　　　3 貝て　　　　4 目て

17 この カメラは たかいですね。
　1 高い　　　　2 安い　　　　3 古い　　　　4 新い

18 きのうは かいしゃを やすみました。
　1 公仕　　　　2 公社　　　　3 会仕　　　　4 会社

19 まだ いわないで ください。

1 行わないで   2 立わないで

3 言わないで   4 食わないで

20 らいげつ けっこんします。

1 今月   2 来月   3 来週   4 今週

もんだい3　（　　　）に　なにが　はいりますか。1・2・3・4から
　　　　　　いちばん　いい　ものを　ひとつ　えらんで　ください。

（れい）　あそこで　タクシーに　（　　　）。

　　　1　のりました　　　　　　2　あがりました

　　　3　つきました　　　　　　4　はいりました

（かいとうようし）　｜（れい）｜　● ② ③ ④｜

21　わたしの　へやは　この　アパートの　2（　　　）です。

　　1　ほん　　　　2　さつ　　　　3　だい　　　　4　かい

22　その　ナイフで　りんごを　（　　　）ください。

　　1　おきて　　　2　つけて　　　3　しめて　　　4　きって

23　（　　　）を　わすれましたから、じかんが　わかりません。

　　1　じしょ　　　2　ちず　　　3　とけい　　　4　さいふ

24　わたしの　うちは　えきに　ちかいですから、（　　　）です。

　　1　べんり　　　2　じょうぶ　　3　いっぱい　　4　へた

25　なつやすみは　まいにち　（　　　）で　およぎました。

　　1　レストラン　　　　　　　2　プール

　　3　エレベーター　　　　　　4　ビル

26　しらない　ことばが　ありましたから、せんせいに

　　（　　　）しました。

　　1　しつもん　　　　　　　　2　べんきょう

　　3　れんしゅう　　　　　　　4　じゅぎょう

文字・語彙

27 この　へやは　あついですから、（　　　）を　あけましょう。

1　おふろ　　　　2　まど　　　　　3　エアコン　　4　テーブル

28 きのうは　がっこうで　たくさん　かんじを　（　　　）。

1　うりました　　　　　　　　2　もちました

3　おぼえました　　　　　　　4　こまりました

29 この　コーヒーは、さとうを　たくさん　いれましたから、

（　　　）です。

1　わかい　　　2　くろい　　　3　まるい　　　4　あまい

30 つよい　かぜが　（　　　）います。

1　ふいて　　　2　いそいで　　3　とんで　　　4　はしって

もんだい4　＿＿＿＿の　ぶんと　だいたい　おなじ　いみの　ぶんが
　　　　　　あります。1・2・3・4から　いちばん　いい　ものを　ひとつ
　　　　　　えらんで　ください。

（れい）　ゆうべ　しゅくだいを　しました。

　　　　1　おとといの　あさ　しゅくだいを　しました。

　　　　2　おとといの　よる　しゅくだいを　しました。

　　　　3　きのうの　あさ　しゅくだいを　しました。

　　　　4　きのうの　よる　しゅくだいを　しました。

　　　　（かいとうようし）　| （れい） | ① ② ③ ● |

31　これは　りょうしんの　しゃしんです。

　　1　これは　そふと　そぼの　しゃしんです。

　　2　これは　ちちと　ははの　しゃしんです。

　　3　これは　あにと　おとうとの　しゃしんです。

　　4　これは　あねと　いもうとの　しゃしんです。

32　この　ダンスは　やさしいです。

　　1　この　ダンスは　かんたんです。

　　2　この　ダンスは　たいへんです。

　　3　この　ダンスは　たのしいです。

　　4　この　ダンスは　つまらないです。

文字・語彙

33 ふくを　せんたくしました。

1 ふくを　ぬぎました。

2 ふくを　わたしました。

3 ふくを　あらいました。

4 ふくを　きました。

34 この　へやは　くらいですね。

1 この　へやは　あかるいですね。

2 この　へやは　あかるくないですね。

3 この　へやは　しずかじゃ　ないですね。

4 この　へやは　しずかですね。

35 リーさんは　もりさんに　ペンを　かしました。

1 リーさんは　もりさんに　ペンを　もらいました。

2 もりさんは　リーさんに　ペンを　もらいました。

3 リーさんは　もりさんに　ペンを　かりました。

4 もりさんは　リーさんに　ペンを　かりました。

N5

げんごちしき
言語知識（文法）・読解
ぶんぽう　　　　どっかい

（50ぷん）

ちゅう　　い
注　意
Notes

1. しけん はじ
   試験が始まるまで、この問題用紙をあけないでください。
   もんだいようし
   Do not open this question booklet until the test begins.

2. この問題用紙を持ってかえることはできません。
   もんだいようし　も
   Do not take this question booklet with you after the test.

3. じゅけんばんごう
   受験番号となまえをしたの欄に、受験票とおなじように
   らん　　　　じゅけんひょう
   かいてください。
   Write your examinee registration number and name clearly in each box below as
   written on your test voucher.

4. この問題用紙は、全部で15ページあります。
   もんだいようし　　ぜんぶ
   This question booklet has 15 pages.

5. もんだい　　　かいとうばんごう
   問題には解答番号の 1 、 2 、 3 … があります。
   かいとう　　かいとうようし　　　　　　ばんごう
   解答は、解答用紙にあるおなじ番号のところにマークして
   ください。
   One of the row numbers 1 , 2 , 3 … is given for each question. Mark your answer
   in the same row of the answer sheet.

じゅけんばんごう 受験番号　Examinee Registration Number	

なまえ　Name	

もんだい1　（　　）に 何を 入れますか。1・2・3・4から いちばん いい ものを 一つ えらんで ください。

(れい)　これ（　　）えんぴつです。

　　　　　1　に　　　　　2　を　　　　　3　は　　　　　4　や

　　（かいとうようし）　| (れい) | ① ② ● ④ |

1　私は あしたの ひこうき（　　）国へ 帰ります。

　　1　に　　　　　2　で　　　　　3　か　　　　　4　を

2　先週 デパートで かばん（　　）くつなどを 買いました。

　　1　は　　　　　2　も　　　　　3　へ　　　　　4　や

3　私は 毎朝 7時ごろ 家（　　）出ます。

　　1　を　　　　　2　と　　　　　3　が　　　　　4　で

4　きのう スーパーで 田中さん（　　）会いました。

　　1　を　　　　　2　の　　　　　3　で　　　　　4　に

5　私の うちの ほんだなは、きょねん 父（　　）作りました。

　　1　や　　　　　2　が　　　　　3　を　　　　　4　で

6　今日 やおやで りんごを 買いました。五つ（　　）
300円でした。

　　1　に　　　　　2　と　　　　　3　で　　　　　4　や

7 きのう （　　　） 少し 寒かったですが、今日 （　　　）
寒くないです。

1　は／は　　　　2　に／に　　　　3　も／も　　　　4　を／を

8 南町は、海が きれい （　　　）、静かです。

1　も　　　　　2　や　　　　　3　で　　　　　4　と

9 前川「林さん、（　　　） に ある カメラは 林さんのですか。」
　　林　「いいえ。田中さんのですよ。」

1　そこ　　　　2　どこ　　　　3　その　　　　4　どの

10 A「先週 はじめて スキーを しました。」
　　B「そうですか。（　　　） でしたか。」
　　A「とても 楽しかったです。」

1　いくつ　　　　2　いかが　　　　3　どなた　　　　4　どちら

11 森 「ケンさん、大学の じゅぎょうは 始まりましたか。」
　　ケン「いいえ、（　　　） です。来週 始まります。」

1　よく　　　　2　もう　　　　3　ちょっと　　　　4　まだ

12 （びょういんで）
　　いしゃ「今日から 一週間 薬を 飲んで、来週の 月曜日に
　　　　　（　　　） 来て ください。」

1　たくさん　　　2　あまり　　　3　また　　　　4　だんだん

13 父は 毎朝 コーヒーを （　　　） ながら 新聞を 読みます。

1　飲む　　　　2　飲み　　　　3　飲んで　　　　4　飲んだ

文法

14 私は 小さいとき、なっとうが 好き（　　　）でした。

1　ない

2　じゃない

3　ありません

4　じゃありません

15 （ケーキ屋で）

店の 人「いらっしゃいませ。」

　　山下　「すみません、いちごの ケーキを 二つ（　　　）。」

店の 人「はい。ありがとうございます。800円です。」

1　ありますか

2　どうぞ

3　ください

4　ほしいですか

16 リー「日曜日に、私の 家で アンさんと べんきょうを します。

　　　キムさんも（　　　）。」

キム「あ、行きたいです。」

1　来ませんか

2　来て いますか

3　来ませんでしたか

4　来て いましたか

もんだい2 ___★___ に 入る ものは どれですか。1・2・3・4から いちばん いい ものを 一つ えらんで ください。

（もんだいれい）

A「_____ _____ ___★___ _____ か。」
B「山田さんです。」

　　1　です　　　　2　は　　　　　3　あの 人　　4　だれ

（こたえかた）

1. ただしい 文を つくります。

A「_____ _____ ___★___ _____ か。」
　　3　あの 人　　2　は　　　4　だれ　　1　です

B「山田さんです。」

2. ___★___ に 入る ばんごうを くろく ぬります。

（かいとうようし）　　（れい）　① ② ③ ●

17　（タクシーの 中で）

A「すみません、つぎの _____ ___★___ _____ _____ まがって ください。」

B「はい、わかりました。」

　　1　に　　　　　　2　しんごう　　3　右　　　　　4　を

18 私は 日曜日に 兄 ＿＿＿ ＿＿＿ ★ ＿＿＿

出かけました。

  1 の   2 と   3 子ども   4 いっしょに

19 きのう 買った おかしは ＿＿＿ ＿＿＿ ★ ＿＿＿ でした。

  1 色   2 きれい   3 が   4 まるくて

20 駅の ＿＿＿ ＿＿＿ ★ ＿＿＿ で ざっしを 買いました。

  1 に   2 ある   3 近く   4 本屋

21 先週 ＿＿＿ ＿＿＿ ★ ＿＿＿ の こうちゃは とても

おいしかったです。

  1 もらった   2 ともだち   3 外国   4 に

もんだい3 　22 　から 　26 　に 何を 入れますか。ぶんしょうの
いみを かんがえて、1・2・3・4から いちばん いい ものを
一つ えらんで ください。

　　ニンさんと メイさんは 「私の 好きな 飲み物」の さくぶんを
書いて、クラスの みんなの 前で 読みます。

(1) ニンさんの さくぶん

　　私の 好きな 飲み物は くだものの ジュースです。大好きな ジュースは
すいかジュースです。私の 国では いろいろな 店に あります。　22 　、
日本では 売って いる 店を 知りません。日本で 好きな ジュースは
りんごジュースです。毎日 飲みます。
　　みなさんは 何の ジュースが 好きですか。好きな ジュースを 　23 　。

(2) メイさんの さくぶん

　　私は きっさてんで 飲む コーヒーが 大好きです。先週も きっさてんで
おいしい コーヒーを 飲みました。
　　先週の 土曜日は いい 天気でした。昼に 買い物を してから、
きっさてんに 　24 　。名前は 「はな」です。「はな」　25 　 コーヒーは
安かったです。私は 2はい 飲みました。来週も 「はな」に コーヒーを
　26 　。

22

1　だから　　　2　でも　　　　3　いつも　　　4　もっと

23

1　教えて　ください　　　　　2　教えたいです
3　教えますよ　　　　　　　　4　教えて　います

24

1　入るからです　　　　　　　2　入ったからです
3　入ります　　　　　　　　　4　入りました

25

1　から　　　　　2　と　　　　3　の　　　　　4　より

26

1　飲んで　行きます　　　　　2　飲んで　来ます
3　飲みに　行きます　　　　　4　飲みに　来ます

もんだい4　つぎの　(1)から　(3)の　ぶんしょうを　読んで、しつもんに
　　　　　　こたえて　ください。こたえは、1・2・3・4から　いちばん
　　　　　　いい　ものを　一つ　えらんで　ください。

(1)

　わたしは　毎朝　ご飯と　なっとうか、パンと　たまごを　食べて、
学校へ　行きます。でも、けさは　なにも　食べませんでした。バナナを
学校へ　持っていきました。起きた　時間が　おそかったからです。

27　けさ　「わたし」は　学校へ　行く　前に、何を　食べましたか。

　1　ご飯と　なっとうを　食べました。

　2　パンと　たまごを　食べました。

　3　なにも　食べませんでした。

　4　バナナを　食べました。

読
解

(2)

（大学で）

学生が　この　紙を　見ました。

　　　　「日本語1」と　「日本語2」の　クラスの　みなさんへ

　今日　出川先生は　お昼まで　お休みです。午前の　「日本語1」の
クラスは　ありません。午後の　「日本語2」の　クラスは　あります。

・「日本語1」の　しゅくだいは　来週　出して　ください。

　　　　　　　　　　　　　　　　　　2016年12月2日　高見大学

読解

28　大学は　「日本語1」の　クラスの　学生に　何が　言いたいですか。

1　今日　クラスは　ありません。しゅくだいは　午後　出して　ください。

2　今日　クラスは　ありません。しゅくだいは　来週　出して　ください。

3　今日　クラスが　ありますが、しゅくだいは　来週　出して　ください。

4　今日　クラスが　ありますから、しゅくだいを　出して　ください。

(3)

（会社で）

ボゴさんの　机の　上に、この　メモと　にもつが　あります。

ボゴさん

　　10時ごろ　ゆうびんきょくの　人が　この　にもつを　とりに　来ますから、にもつと　お金を　わたして　ください。お金は　中西さんが　持って　います。ゆうびんきょくの　人が　来る　前に　もらいに　行って　ください。

　　よろしく　おねがいします。

多田

11月30日　9:30

29　この　メモを　読んで、ボゴさんは　はじめに　何を　しますか。

1　中西さんに　お金を　もらいます。

2　中西さんに　にもつと　お金を　わたします。

3　ゆうびんきょくの　人に　にもつを　もらいます。

4　ゆうびんきょくの　人に　にもつと　お金を　わたします。

読
解

もんだい5 つぎの ぶんしょうを 読んで、しつもんに こたえて
ください。こたえは、1・2・3・4から いちばん いい
ものを 一つ えらんで ください。

これは チンさんが 書いた さくぶんです。

まちがえました

チン・シュン

　わたしは きのうの 日曜日、友だちと サッカーを しました。
朝から ゆうがたまで しましたから、とても つかれました。
ゆうべは ばんご飯を 食べた あとで、すぐに ねました。
ですから、今日の かんじテストの べんきょうが できません
でした。
　けさは 5時に 起きました。シャワーを あびて、朝ご飯を
食べました。それから、すぐ かんじの テキストの 41ページから
60ページまで べんきょうしました。それから 学校へ 行きました。
とても いそがしい 朝でした。
　しかし、きょうしつで かんじを べんきょうしている 人は
いませんでした。まちがえました。テストは 今日ではなくて、
あしたでした。

---

30 どうして　①けさは　5時に　起きましたか。

1　朝から　ゆうがたまで　サッカーを　したかったから

2　かんじテストの　べんきょうが　したかったから

3　シャワーを　あびて、朝ご飯を　食べたかったから

4　学校へ　行って、べんきょうが　したかったから

31　チンさんは　何を　②まちがえましたか。

1　かんじの　テキスト

2　かんじの　テキストの　ページ

3　かんじの　テストが　ある　日

4　かんじの　テストを　する　きょうしつ

読
解

もんだい6　右の　ページを　見て、下の　しつもんに　こたえて　ください。

こたえは、1・2・3・4から　いちばん　いい　ものを

一つ　えらんで　ください。

32　パブロさんは　高木大学に　行きたいです。花田駅か　糸川駅から

乗ります。駅から　大学まで　かかる　お金は　500円までで、時間は

みじかいほうが　いいです。パブロさんは　どの　行き方で　行きますか。

1　①

2　②

3　③

4　④

高木大学（たかぎだいがく）

高木大学に　来たい　人へ

① かかる　時間（じかん）：46分（ぷん）　　かかる　お金（かね）：300円（えん）

| 寺西駅（てらにしえき）バスてい1ばん | バス 45分（ふん） | バスてい「高木大学前（たかぎだいがくまえ）」 | 歩く（あるく）1分（ぷん） | 高木大学（たかぎだいがく） |

② かかる　時間（じかん）：30分（ぷん）　　かかる　お金（かね）：550円（えん）

| 花田駅（はなだえき） | 電車（でんしゃ）25分（ふん） | 水村駅（みずむらえき） | 歩く（あるく）5分（ふん） | 高木大学（たかぎだいがく） |

③ かかる　時間（じかん）：40分（ぷん）　　かかる　お金（かね）：450円（えん）

| 花田駅（はなだえき） | ちかてつ30分（ぷん） | 木山駅（きやまえき） | 歩く（あるく）10分（ぷん） | 高木大学（たかぎだいがく） |

④ かかる　時間（じかん）：35分（ぷん）　　かかる　お金（かね）：430円（えん）

| 糸川駅（いとかわえき） | 電車（でんしゃ）25分（ふん） | 木山駅（きやまえき） | 歩く（あるく）10分（ぷん） | 高木大学（たかぎだいがく） |

読解

N5

聴解

（30分）

注　意
Notes

1. 試験が始まるまで、この問題用紙を開けないでください。
   Do not open this question booklet until the test begins.

2. この問題用紙を持って帰ることはできません。
   Do not take this question booklet with you after the test.

3. 受験番号と名前を下の欄に、受験票と同じように書いてください。
   Write your examinee registration number and name clearly in each box below as written on your test voucher.

4. この問題用紙は、全部で14ページあります。
   This question booklet has 14 pages.

5. この問題用紙にメモをとってもいいです。
   You may make notes in this question booklet.

受験番号　Examinee Registration Number	

名前　Name	

もんだい1

　もんだい1では、はじめに　しつもんを　きいて　ください。それから
はなしを　きいて、もんだいようしの　1から4の　なかから、いちばん
いい　ものを　ひとつ　えらんで　ください。

れい

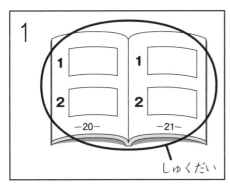
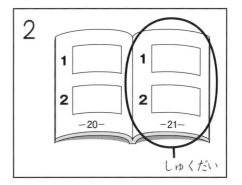
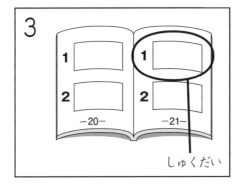
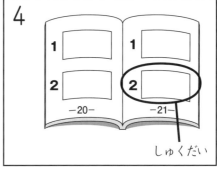

1ばん

2ばん

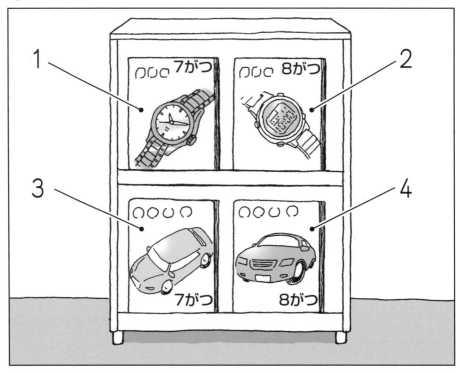

3ばん

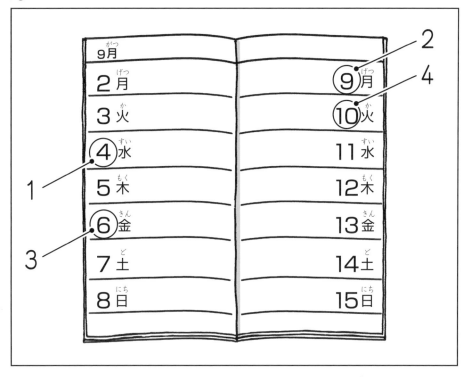

4ばん

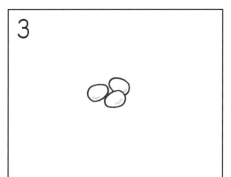

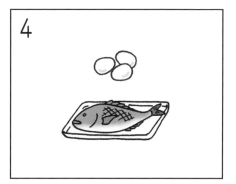

5 ばん

1　げつようび

2　かようび

3　もくようび

4　きんようび

6 ばん

1　1かいの　3ばん

2　1かいの　4ばん

3　2かいの　3ばん

4　2かいの　4ばん

7ばん

もんだい2

　もんだい2では、はじめに　しつもんを　きいて　ください。それから
はなしを　きいて、もんだいようしの　1から4の　なかから、いちばん
いい　ものを　ひとつ　えらんで　ください。

れい

1　としょかん

2　えき

3　デパート

4　レストラン

1 ばん

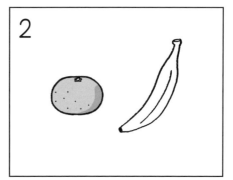

2 ばん

1 ひとり

2 ふたり

3 さんにん

4 よにん

3 ばん

1

2

3

4

4 ばん

1

2

3

4

聴
解

5ばん

1　1じかんはん

2　3じかんはん

3　5じかん

4　6じかん

6ばん

1　カレー

2　ピザ

3　すし

4　そば

もんだい3

　もんだい3では、えを　みながら　しつもんを　きいて　ください。

➡ （やじるし）の　ひとは　なんと　いいますか。1から3の　なかから、

いちばん　いい　ものを　ひとつ　えらんで　ください。

れい

1 ばん

2 ばん

3 ばん

4 ばん

5ばん

もんだい4

　もんだい4は、えなどが　ありません。ぶんを　きいて、1から3の
なかから、いちばん　いい　ものを　ひとつ　えらんで　ください。

－ メモ －

聴解

にほんごのうりょくしけん かいとうようし

N5 げんごちしき (もじ・ごい)

〈ちゅうい Notes〉
1. くろいえんぴつ (HB、No.2) でかいてください。
   Use a black medium soft (HB or No.2) pencil.
   (ペンやボールペンではかかないでください。)
   (Do not use any kind of pen.)
2. かきなおすときは、けしゴムできれいにけして
   ください。
   Erase any unintended marks completely.
3. きたなくしたり、おったりしないでください。
   Do not soil or bend this sheet.
4. マークれい Marking Examples

よいれい Correct Example	わるいれい Incorrect Examples
●	⊗ ◯ ◯ ◯ ⊖ ◑

もんだい 1

1	①	②	③	④
2	①	②	③	④
3	①	②	③	④
4	①	②	③	④
5	①	②	③	④
6	①	②	③	④
7	①	②	③	④
8	①	②	③	④
9	①	②	③	④
10	①	②	③	④
11	①	②	③	④
12	①	②	③	④

もんだい 2

13	①	②	③	④
14	①	②	③	④
15	①	②	③	④
16	①	②	③	④
17	①	②	③	④
18	①	②	③	④
19	①	②	③	④
20	①	②	③	④

もんだい 3

21	①	②	③	④
22	①	②	③	④
23	①	②	③	④
24	①	②	③	④
25	①	②	③	④
26	①	②	③	④
27	①	②	③	④
28	①	②	③	④
29	①	②	③	④
30	①	②	③	④

もんだい 4

31	①	②	③	④
32	①	②	③	④
33	①	②	③	④
34	①	②	③	④
35	①	②	③	④

にほんごのうりょくしけん かいとうようし

N5 げんごちしき (ぶんぽう)・どっかい

じゅけんばんごう
Examinee Registration
Number

なまえ
Name

〈ちゅうい Notes〉
1. くろいえんぴつ (HB、No.2) でかいてください。
Use a black medium soft (HB or No.2) pencil.
(ペンやボールペンではかかないでください。)
(Do not use any kind of pen.)
2. かきなおすときは、けしゴムできれいにけして
ください。
Erase any unintended marks completely.
3. きたなくしたり、おったりしないでください。
Do not soil or bend this sheet.
4. マークれい Marking Examples

よいれい Correct Example	わるいれい Incorrect Examples
●	⊘ ⊖ ⊙ ⊗ ⊕ ◑

もんだい 1

1	①	②	③	④
2	①	②	③	④
3	①	②	③	④
4	①	②	③	④
5	①	②	③	④
6	①	②	③	④
7	①	②	③	④
8	①	②	③	④
9	①	②	③	④
10	①	②	③	④
11	①	②	③	④
12	①	②	③	④
13	①	②	③	④
14	①	②	③	④
15	①	②	③	④
16	①	②	③	④

もんだい 2

17	①	②	③	④
18	①	②	③	④
19	①	②	③	④
20	①	②	③	④
21	①	②	③	④

もんだい 3

22	①	②	③	④
23	①	②	③	④
24	①	②	③	④
25	①	②	③	④
26	①	②	③	④

もんだい 4

27	①	②	③	④
28	①	②	③	④
29	①	②	③	④

もんだい 5

30	①	②	③	④
31	①	②	③	④

もんだい 6

32	①	②	③	④

にほんごのうりょくしけん　かいとうようし

N5　ちょうかい

じゅけんばんごう
Examinee Registration
Number

なまえ
Name

〈ちゅうい Notes〉
1. くろいえんぴつ (HB、No.2) でかいてください。
（ペンやボールペンではかかないでください。）
Use a black medium soft (HB or No.2) pencil.
(Do not use any kind of pen.)
2. かきなおすときは、けしゴムできれいにけして
ください。
Erase any unintended marks completely.
3. きたなくしたり、おったりしないでください。
Do not soil or bend this sheet.
4. マークれい Marking Examples

よいれい Correct Example	わるいれい Incorrect Examples
●	⊘ ⊗ ○ ◑ ⦸ ◓

もんだい1

れい	①	●	③	④
1	①	②	③	④
2	①	②	③	④
3	①	②	③	④
4	①	②	③	④
5	①	②	③	④
6	①	②	③	④
7	①	②	③	④

もんだい2

れい	①	●	③	④
1	①	②	③	④
2	①	②	③	④
3	①	②	③	④
4	①	②	③	④
5	①	②	③	④
6	①	②	③	④

もんだい3

れい	①	②	●
1	①	②	③
2	①	②	③
3	①	②	③
4	①	②	③
5	①	②	③

もんだい4

れい	①	●	③
1	①	②	③
2	①	②	③
3	①	②	③
4	①	②	③
5	①	②	③
6	①	②	③

2

せいとうひょう　　　ちょうかい
正答表と聴解スクリプト

正答表

●言語知識（文字・語彙）

げんご ちしき　もじ・ごい

問題1

1	2	3	4	5	6	7	8	9	10
4	1	3	1	3	4	1	4	2	3

11	12
2	2

問題2

13	14	15	16	17	18	19	20
4	3	2	1	1	4	3	2

問題3

21	22	23	24	25	26	27	28	29	30
4	4	3	1	2	1	2	3	4	1

問題4

31	32	33	34	35
2	1	3	2	4

●言語知識（文法）・読解

げんご ちしき　ぶんぽう・どっかい

問題1

1	2	3	4	5	6	7	8	9	10
2	4	1	4	2	3	1	3	1	2

11	12	13	14	15	16
4	3	2	4	3	1

問題2

17	18	19	20	21
4	2	3	2	1

問題3

22	23	24	25	26
2	1	4	3	3

問題 4

27	28	29
3	2	1

問題 5

30	31
2	3

問題 6

32
4

● 聴解

問題 1

例	1	2	3	4	5	6	7
3	3	1	4	2	1	4	3

問題 2

例	1	2	3	4	5	6
3	4	1	3	1	2	2

問題 3

例	1	2	3	4	5
3	3	3	1	2	2

問題 4

例	1	2	3	4	5	6
2	1	3	3	2	1	2

聴解スクリプト
ちょうかい

（M：男性　F：女性）

問題1

例

クラスで先生が話しています。学生は、今日うちで、どこを勉強しますか。

F：では、今日は20ページまで終わりましたから、21ページは宿題ですね。
M：全部ですか。
F：いえ、21ページの1番です。2番は、クラスでします。

学生は、今日うちで、どこを勉強しますか。

1番

男の人と女の人が話しています。男の人はどこへ行きますか。

M：すみません、喫茶店「みどり」はどこですか。
F：喫茶店「みどり」ですね。あそこに交差点がありますね。
M：はい。
F：あの交差点を左に曲がってください。道の左側に銀行があります。喫茶店「みどり」は銀行のとなりですよ。
M：分かりました。ありがとうございます。

男の人はどこへ行きますか。

2番

会社で女の人と男の人が話しています。男の人はどの雑誌を女の人に渡しますか。

F：木村さん、すみません、木村さんの後ろにある雑誌を取ってください。
M：時計の雑誌ですか。車の雑誌ですか。
F：時計の雑誌です。
M：いちばん新しい、8月のですか。

F：いいえ、7月のをお願いします。

M：はい。

男の人はどの雑誌を女の人に渡しますか。

3番
学校で先生が話しています。学生は、次、何日に学校に来ますか。

F：皆さん、明日から休みですね。休みは四日から九日まで六日間です。十日はテストをします。
　　休まないでください。では、六日間ゆっくり休んで、また学校に来てください。

学生は、次、何日に学校に来ますか。

4番
うちで女の学生と男の学生が話しています。男の学生は冷蔵庫から何を出しますか。

F：あ、12時ですね。お昼ご飯を食べましょう。私が作りますよ。

M：何かしましょうか。

F：ありがとう。じゃ、冷蔵庫から卵を2個と牛乳を出してください。

M：はい。

F：それから魚も出してください。あ、すみません、卵は3個お願いします。

M：はい。

男の学生は冷蔵庫から何を出しますか。

5番

日本語学校で女の人と男の人が話しています。女の人は何曜日のクラスで勉強しますか。

F：すみません。1週間に1回、日本語で話す練習をしたいです。夜のクラスはありますか。

M：はい、夜のクラスは毎週月曜日、火曜日、木曜日、金曜日です。夜6時からです。

F：うーん、火曜日と金曜日は仕事が6時に終わりません。

M：そうですか。では、月曜日がいいですよ。木曜日のクラスは話す時間が短いです。

F：分かりました。じゃ、来週から勉強したいです。どうぞよろしくお願いします。

女の人は何曜日のクラスで勉強しますか。

6番

日本語学校で先生が学生に話しています。学生は明日の午前どの教室に行きますか。午前です。

M：明日の午前は、クラスに日本人の学生が来ますから、広い教室で授業をします。2階の4番の教室に来てください。午後は1階の3番の教室で授業をします。

学生は明日の午前どの教室に行きますか。

7番

女の人と男の人が話しています。女の人は何を持っていきますか。

F：佐藤さん、日曜日、佐藤さんのうちでパーティーをしますね。何か持っていきましょうか。飲み物はどうですか。

M：ありがとうございます。飲み物はたくさんありますから、食べ物がいいです。じゃ、おにぎりを持ってきてください。私はスパゲティを作ります。

F：分かりました。

M：それから、カメラはありますか。

F：はい。

M：パーティーのとき、使いたいですから、貸してください。

F：はい、いいですよ。

女の人は何を持っていきますか。

問題 2

例

男の人と女の人が話しています。男の人は、昨日どこへ行きましたか。男の人です。

M：山田さん、昨日どこかへ行きましたか。

F：図書館へ行きました。

M：駅のそばの図書館ですか。

F：はい。

M：僕は山川デパートへ行って、買い物をしました。

F：え、私も昨日の夜、山川デパートのレストランへ行きましたよ。

M：そうですか。

男の人は、昨日どこへ行きましたか。

1番

うちで女の人と男の人が話しています。女の人は何のジュースを作りましたか。

F：くだもののジュースを作りました。どうぞ飲んでください。

M：いただきます。これは何のジュースですか。

F：りんごと、それから、みかんとバナナを少し入れました。

女の人は何のジュースを作りましたか。

2番

女の学生と男の学生が話しています。男の学生はお兄さんが何人いますか。

F：中山さん、中山さんの家族は何人ですか。
M：4人です。両親と、兄が一人と僕です。
F：お兄さんは学生ですか。
M：いえ、会社員です。結婚して、子供が二人いますよ。

男の学生はお兄さんが何人いますか。

3番

会社で女の人と男の人が話しています。男の人は何で会社に来ていますか。

F：加藤さん、加藤さんのうちはどちらですか。
M：みなみ町です。
F：私もみなみ町ですよ。でも、駅や電車で全然加藤さんに会いませんね。電車じゃなくてバスで会社に来ていますか。
M：いえ、僕は自転車です。前は車で来ていましたが、車はいろいろお金がかかりますから、今は乗っていません。
F：そうですか。
M：時間は50分ぐらいかかりますが、楽しいですよ。

男の人は、何で会社に来ていますか。

4番

電話で女の学生と男の学生が話しています。二人は今日一緒に何をしますか。

F：もしもし、吉田さん。
M：あ、おはようございます。
F：今日うちで映画を見ませんか。面白いDVDを借りましたよ。
M：ああ。今日は今から友達とバスケットボールをして、それから、みんなと一緒にラーメンを食べに行きます。でも午後は大丈夫です。
F：じゃ、午後来てください。
M：はい。じゃ、行く前に電話します。何かおいしいお菓子を買って、持っていきます。

F： ありがとうございます。お菓子も待っています。

二人は今日一緒に何をしますか。

5番

大学で日本人の学生と男の留学生が話しています。日本から男の留学生の国まで、飛行機で何時間かかりますか。

F：ジョージさん、冬休みに国へ帰りますか。

M：はい。

F：日本からジョージさんの国まで、飛行機でどのぐらいですか。5時間か6時間ぐらいですか。

M：もっと早いですよ。3時間半です。

F：ああ、近いですね。私も冬休みに両親に会いに帰りますが、ここからうちまで電車で5時間ぐらいかかりますよ。

M：5時間ですか。じゃ、私の国のほうが近いですね。1時間半早いです。

日本から男の留学生の国まで、飛行機で何時間かかりますか。

6番

電話で女の学生が話しています。今晩、何の店にご飯を食べに行きますか。

F：もしもし、森さん？　大田です。今晩クラスのみんなとご飯を食べに行きますね。今朝学校では、駅の前のカレー屋に来てくださいと言いましたが、今日は店が休みです。だから、ピザ屋に行きます。先週一緒に行ったすし屋の前のビルです。1階にそば屋があるビルで、ビルの3階です。

今晩、何の店にご飯を食べに行きますか。

問題3

例
レストランでお店の人を呼びます。何と言いますか。

F：1．いらっしゃいませ。
　　2．失礼しました。
　　3．すみません。

1番
山を歩いています。友達と一緒に休みたいです。何と言いますか。

M：1．あまり休みません。
　　2．今、休んでいますか。
　　3．少し休みましょう。

2番
友達にチョコレートをあげます。何と言いますか。

F：1．どんなチョコレートですか。
　　2．チョコレート、あげませんか。
　　3．チョコレート、いかがですか。

3番
エレベーターに乗りたいです。何と言いますか。

F：1．あ、乗ります。
　　2．さあ、乗りましょう。
　　3．すぐ乗ってください。

4番

前_{まえ}に自_じ転_{てん}車_{しゃ}があります。友_{ともだち}達は見_みていません。何_{なん}と言_いいますか。

M：1. 見_みませんよ。

　　2. 危_{あぶ}ないですよ。

　　3. 痛_{いた}いですよ。

5番

レストランでコーヒーが来_きません。長_{なが}い時_じ間_{かん}待_まっています。店_{みせ}の人_{ひと}に何_{なん}と言_いいますか。

F：1. コーヒーを持_もってきますよ。

　　2. コーヒーはまだですか。

　　3. コーヒーを飲_のみませんか。

問題4

例

F：お国_{くに}はどちらですか。

M：1. あちらです。

　　2. アメリカです。

　　3. 部_へ屋_やです。

1番

F：リーさん、リーさんはいつ日_に本_{ほん}に来_きましたか。

M：1. 去_{きょねん}年です。

　　2. 5時_じ間_{かん}です。

　　3. 3か月_{げつ}です。

2番

M：昼ご飯はもう食べましたか。

F：1．そうしましょう。
　　2．食堂ですよ。
　　3．いえ、今からです。

3番

M：おいしいクッキーですね。どこで買いましたか。

F：1．デパートで買いましょう。
　　2．はい、そうです。
　　3．わたしが作りました。

4番

F：あした京都に行きますね。何時の飛行機に乗りますか。

M：1．はい、飛行機で行きますよ。
　　2．4時半の飛行機です。
　　3．1時間ぐらい乗ります。

5番

F：すみません。田中さんの電話番号を知っていますか。

M：1．はい、分かりますよ。
　　2．え、知りませんでした。
　　3．電話をしていません。

6番

M：夏休みはどこかへ出掛けましたか。

F：1．旅行しましょう。
　　2．どこへも行きませんでした。
　　3．外国から来ました。

3

<ruby>日<rt>に</rt>本<rt>ほん</rt>語<rt>ご</rt>能<rt>のう</rt>力<rt>りょく</rt>試<rt>し</rt>験<rt>けん</rt></ruby>の<ruby>概<rt>がい</rt>要<rt>よう</rt></ruby>

1 日本語能力試験について

　日本語能力試験は、日本語を母語としない人の日本語能力を測定し認定する試験として、国際交流基金と日本国際教育支援協会が 1984 年に開始しました。

　試験は日本国内そして世界各地で、1 年に 2 回、一斉に実施しています。2017 年は、日本では 47 都道府県で、海外では 80 の国・地域の 239 都市で実施しました。

日本語能力試験の実施都市（2017 年）

日本 47 都道府県
韓国 24 都市
世界81の国・地域
286都市

　文化庁の「平成 29 年度国内の日本語教育の概要」によると、国内の日本語学習者数は過去最高の約 23 万 9 千人になりました。また、国際交流基金の「2015 年度海外日本語教育機関調査」によると、海外の日本語学習者数は同年に 365 万人となっています。

　日本語能力試験は、世界最大規模の日本語の試験で、2017 年には国内約 33 万人、海外約 69 万人、合計で約 102 万人が応募しました。

日本語能力試験の応募者数と実施都市数（国内、海外合計）

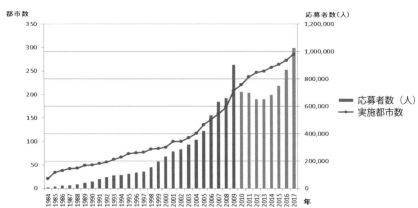

② 日本語能力試験の特徴

ポイント１　課題遂行のための言語コミュニケーション能力を測ります

　日本語能力試験では、①日本語の文字や語彙、文法についてどのくらい知っているか、ということだけでなく、②その知識を利用してコミュニケーション上の課題を遂行できるか、ということも大切だと考えています。私たちが生活の中で行っている様々な「課題」のうち、言語を必要とするものを遂行するためには、言語知識だけでなく、それを実際に利用する力も必要だからです。そこで、この試験では、①を測るための「言語知識」、②を測るための「読解」、「聴解」という３つの要素により、総合的に日本語のコミュニケーション能力を測っています。

　大規模試験のため、解答は選択枝※1 によるマークシート方式で行います。話したり書いたりする能力を直接測る試験科目はありません。

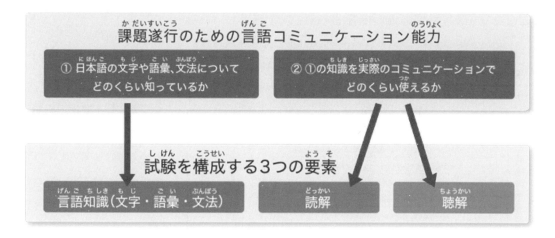

課題遂行のための言語コミュニケーション能力

| ① 日本語の文字や語彙、文法についてどのくらい知っているか | ② ①の知識を実際のコミュニケーションでどのくらい使えるか |

試験を構成する３つの要素

言語知識（文字・語彙・文法）　読解　聴解

ポイント２　５段階のレベルから、自分に合ったレベルが選べます

　日本語能力試験には、５段階 (N1、N2、N3、N4、N5) のレベルがあります。できるだけきめ細かく日本語能力を測るために、試験問題はレベルごとに作られています。

　N4 と N5 では、主に教室内で学ぶ基本的な日本語がどのくらい理解できているかを測ります。N1 と N2 では、現実の生活の幅広い場面で使われる日本語がどのくらい理解できるかを測ります。N3 は、N4、N5 から N1、N2 への橋渡しのレベルです。

　各レベルの詳しい説明は、「❹ 認定の目安」を見てください。

※1　本書では、日本テスト学会での使用例にしたがって、「選択肢」ではなく「選択枝」という用語を使っています。

ポイント3　尺度得点で日本語能力をより正確に測ります

　異なる時期に実施される試験では、どんなに慎重に問題を作成しても、試験の難易度が毎回多少変動します。そのため、試験の得点を「素点」（何問正解したかを計算する得点）で出すと、試験が難しかったときと易しかったときとでは、同じ能力でも違う得点になることがあります。そこで、日本語能力試験の得点は、素点ではなく、「尺度得点」を導入しています。尺度得点は「等化」という方法を用いた、いつも同じ尺度（ものさし）で測れるような得点です。

　尺度得点を利用することで、試験を受けたときの日本語能力をより正確に、公平に、得点に表すことができます。

ポイント4　「日本語能力試験 Can-do 自己評価リスト」を提供しています

試験の得点や合否判定だけでは、実際の生活で日本語を使って具体的に何ができるのかがわかりません。そこで、日本語能力試験では、試験の結果を解釈するための参考情報として「日本語能力試験 Can-do 自己評価リスト」を提供しています。

2010 年と 2011 年の日本語能力試験の受験者、約 65,000 人に対して、「日本語でどんなことができると考えているか」についてのアンケート調査を行いました。そして、その結果を統計的に分析して、リストを作成しました。

　このリストは、受験者やまわりの方々が「このレベルの合格者は日本語を使ってどんなことができそうか」というイメージを作るための参考情報としてご活用いただくことができます。

　「日本語能力試験 Can-do 自己評価リスト」について、詳しくは日本語能力試験公式ウェブサイト <www.jlpt.jp> を見てください。

日本語能力試験Can-do自己評価リスト（JLPT Can-do）「聞く」

　このリストは、「日本語能力試験の各レベルの合格者が、日本語でどんなことができると考えているか」を、受験者の自己評価調査の結果に基づいてまとめたものです。
　日本語能力試験のシラバス（出題内容）ではありません。また、合格者の日本語能力を保証するものではありません。日本語能力試験が測る日本語能力や出題内容については、「認定の目安」等を参照してください。
　このリストは、受験者やまわりの方々が「このレベルの合格者は日本語を使ってどんなことができそうか」というイメージを作るための参考情報としてご活用いただくことができます。

		N1	N2	N3	N4	N5
難	1	政治や経済などについてのテレビのニュースを見て、要点が理解できる。				
	2	最近メディアで話題になっていることについての会話で、だいたいの内容が理解できる。				
	3	フォーマルな場（例：歓迎会）でのスピーチを聞いて、だいたいの内容が理解できる。				
	4	思いがけない出来事（例：事故など）についてのアナウンスを聞いてだいたい理解できる。				
	5	仕事や専門に関する問い合わせを聞いて、内容が理解できる。				
	6	関心あるテーマの講義や講演を聞いて、だいたいの内容が理解できる。				
	7	学校や職場の会議で、話の流れが理解できる。				
	8	関心あるテーマの議論や討論で、だいたいの内容が理解できる。				
	9	身近で日常的な内容のテレビ番組（例：料理、旅行）を見て、だいたいの内容が理解できる。				
	10	身近で日常的な話題（例：旅行の計画、パーティーの準備）についての話し合いで、話の流れが理解できる。				

③ 日本語能力試験のメリット

日本語能力試験の認定には、学校での単位・卒業資格認定や、企業での優遇、社会的な資格認定など、さまざまなメリットがあります。

(1) 日本の出入国管理上の優遇措置を受けるためのポイントがつきます

「高度人材ポイント制による出入国管理上の優遇制度」で、日本語能力試験 N1 の合格者は 15 ポイント、N2 の合格者は 10 ポイントがつきます。ポイントの合計が 70 点以上の場合に、出入国管理上の優遇措置が与えられます。

詳しくは法務省入国管理局ホームページを見てください。

(2) 日本の医師等国家試験を受験するための条件のひとつです

海外において医師等の免許を持っている人が、日本の医師等の国家試験を受験するためには、日本語能力試験 N1 の認定が必要です。

医師等国家試験の受験資格認定について、詳しくは厚生労働省ホームページを見てください。

― 日本語能力試験 N1 が受験資格になっている、医師等国家試験 ―
医師、歯科医師、看護師、薬剤師、保健師、助産師、診療放射線技師、歯科衛生士、歯科技工士、臨床検査技師、理学療法士、作業療法士、視能訓練士、臨床工学技士、義肢装具士、救命救急士、言語聴覚士、獣医師

(3) 日本の准看護師試験を受験するための条件のひとつです

海外の看護師学校養成所を卒業した人が、日本の准看護師試験を受験するためには、日本語能力試験 N1 の認定が必要です。

准看護師試験は都道府県ごとに行われています。詳しくは受けたい都道府県に確認してください。

(4) 日本の中学校卒業程度認定試験で一部の試験科目の免除が受けられます

外国籍等の受験者の場合、日本語能力試験 N1 か N2 の合格者は、国語の試験が免除されます。

詳しくは文部科学省ホームページを見てください。

(5) EPA（経済連携協定）に基づく看護師・介護福祉士の候補者選定の条件のひとつです

　EPA（経済連携協定）に基づき、インドネシア、フィリピン、ベトナムから来日する看護師・介護福祉士の候補者は、日本語能力試験 N5 程度（インドネシア、フィリピン）または N3（ベトナム）以上の認定が必要です。

　詳しくは厚生労働省ホームページを見てください。

4 認定の目安
にんてい めやす

日本語能力試験には N1、N2、N3、N4、N5 の 5 つのレベルがあります。一番易しいレベルが N5 で、一番難しいレベルが N1 です。

日本語能力試験のレベル認定の目安は、下の表のように「読む」「聞く」という言語行動で表します。表には記述していませんが、それぞれの言語行動を実現するための、文字・語彙・文法などの言語知識も必要です。

レベル	認定の目安
N1	**幅広い場面で使われる日本語を理解することができる** **読む**・幅広い話題について書かれた新聞の論説、評論など、論理的にやや複雑な文章や抽象度の高い文章などを読んで、文章の構成や内容を理解することができる。 ・さまざまな話題の内容に深みのある読み物を読んで、話の流れや詳細な表現意図を理解することができる。 **聞く**・幅広い場面において自然なスピードの、まとまりのある会話やニュース、講義を聞いて、話の流れや内容、登場人物の関係や内容の論理構成などを詳細に理解したり、要旨を把握したりすることができる。
N2	**日常的な場面で使われる日本語の理解に加え、より幅広い場面で使われる日本語をある程度理解することができる** **読む**・幅広い話題について書かれた新聞や雑誌の記事・解説、平易な評論など、論旨が明快な文章を読んで文章の内容を理解することができる。 ・一般的な話題に関する読み物を読んで、話の流れや表現意図を理解することができる。 **聞く**・日常的な場面に加えて幅広い場面で、自然に近いスピードの、まとまりのある会話やニュースを聞いて、話の流れや内容、登場人物の関係を理解したり、要旨を把握したりすることができる。
N3	**日常的な場面で使われる日本語をある程度理解することができる** **読む**・日常的な話題について書かれた具体的な内容を表す文章を、読んで理解することができる。 ・新聞の見出しなどから情報の概要をつかむことができる。 ・日常的な場面で目にする難易度がやや高い文章は、言い換え表現が与えられれば、要旨を理解することができる。 **聞く**・日常的な場面で、やや自然に近いスピードのまとまりのある会話を聞いて、話の具体的な内容を登場人物の関係などとあわせてほぼ理解できる。
N4	**基本的な日本語を理解することができる** **読む**・基本的な語彙や漢字を使って書かれた日常生活の中でも身近な話題の文章を、読んで理解することができる。 **聞く**・日常的な場面で、ややゆっくりと話される会話であれば、内容がほぼ理解できる。
N5	**基本的な日本語をある程度理解することができる** **読む**・ひらがなやカタカナ、日常生活で用いられる基本的な漢字で書かれた定型的な語句や文、文章を読んで理解することができる。 **聞く**・教室や、身の回りなど、日常生活の中でもよく出会う場面で、ゆっくり話される短い会話であれば、必要な情報を聞き取ることができる。

むずかしい

やさしい

⑤ 試験科目と試験（解答）時間

N1 と N2 の試験科目は「言語知識（文字・語彙・文法）・読解」と「聴解」の 2 科目です。

N3、N4、N5 の試験科目は「言語知識（文字・語彙）」「言語知識（文法）・読解」「聴解」の 3 科目です。

各レベルの試験科目と試験（解答）時間は下のとおりです。

レベル	試験科目 （試験［解答］時間）		
N1	言語知識（文字・語彙・文法）・読解 （110分）		聴解 （60分）
N2	言語知識（文字・語彙・文法）・読解 （105分）		聴解 （50分）
N3	言語知識（文字・語彙） （30分）	言語知識（文法）・読解 （70分）	聴解 （40分）
N4	言語知識（文字・語彙） （30分）	言語知識（文法）・読解 （60分）	聴解 （35分）
N5	言語知識（文字・語彙） （25分）	言語知識（文法）・読解 （50分）	聴解 （30分）

※実際の試験では試験（解答）時間に加えて試験の説明時間があります。

※試験（解答）時間は変更される場合があります。また「聴解」は、試験問題の録音の長さによって試験（解答）時間が多少変わります。

⑥ 試験問題の構成と大問のねらい

各試験科目で出題する問題を、測ろうとしている能力ごとにまとめたものを「大問」と呼びます。
各大問には、複数の小問が含まれます。また、レベルごとに大問のねらいを定めています。

試験問題の構成

試験科目		大問	N1	N2	N3	N4	N5
言語知識・読解	文字・語彙	漢字読み	○	○	○	○	○
		表記	—	○	○	○	○
		語形成	—	○	—	—	—
		文脈規定	○	○	○	○	○
		言い換え類義	○	○	○	○	○
		用法	○	○	○	○	—
	文法	文の文法1（文法形式の判断）	○	○	○	○	○
		文の文法2（文の組み立て）	○	○	○	○	○
		文章の文法	○	○	○	○	○
	読解	内容理解（短文）	○	○	○	○	○
		内容理解（中文）	○	○	○	○	○
		内容理解（長文）	○	—	○	—	—
		統合理解	○	○	—	—	—
		主張理解（長文）	○	○	—	—	—
		情報検索	○	○	○	○	○
聴解		課題理解	○	○	○	○	○
		ポイント理解	○	○	○	○	○
		概要理解	○	○	○	—	—
		発話表現	—	—	○	○	○
		即時応答	○	○	○	○	○
		統合理解	○	○	—	—	—

N1 大問のねらい

試験科目 (試験［解答］時間)			問題の構成	
			大問	ねらい
言語知識・読解 (110分)	文字・語彙	1	漢字読み	漢字で書かれた語の読み方を問う
		2	文脈規定	文脈によって意味的に規定される語が何であるかを問う
		3	言い換え類義	出題される語や表現と意味的に近い語や表現を問う
		4	用法	出題語が文の中でどのように使われるのかを問う
	文法	5	文の文法1 (文法形式の判断)	文の内容に合った文法形式かどうかを判断することができるかを問う
		6	文の文法2 (文の組み立て)	統語的に正しく、かつ、意味が通る文を組み立てることができるかを問う
		7	文章の文法	文章の流れに合った文かどうかを判断することができるかを問う
	読解	8	内容理解（短文）	生活・仕事などいろいろな話題も含め、説明文や指示文など200字程度のテキストを読んで、内容が理解できるかを問う
		9	内容理解（中文）	評論、解説、エッセイなど500字程度のテキストを読んで、因果関係や理由などが理解できるかを問う
		10	内容理解（長文）	解説、エッセイ、小説など1,000字程度のテキストを読んで、概要や筆者の考えなどが理解できるかを問う
		11	統合理解	複数のテキスト（合計600字程度）を読み比べて、比較・統合しながら理解できるかを問う
		12	主張理解（長文）	社説、評論など抽象性・論理性のある1,000字程度のテキストを読んで、全体として伝えようとしている主張や意見がつかめるかを問う
		13	情報検索	広告、パンフレット、情報誌、ビジネス文書などの情報素材（700字程度）の中から必要な情報を探し出すことができるかを問う
聴解 (60分)		1	課題理解	まとまりのあるテキストを聞いて、内容が理解できるかどうかを問う（具体的な課題解決に必要な情報を聞き取り、次に何をするのが適当か理解できるかを問う）
		2	ポイント理解	まとまりのあるテキストを聞いて、内容が理解できるかどうかを問う（事前に示されている聞くべきことをふまえ、ポイントを絞って聞くことができるかを問う）
		3	概要理解	まとまりのあるテキストを聞いて、内容が理解できるかどうかを問う（テキスト全体から話者の意図や主張などが理解できるかを問う）
		4	即時応答	質問などの短い発話を聞いて、適切な応答が選択できるかを問う
		5	統合理解	長めのテキストを聞いて、複数の情報を比較・統合しながら、内容が理解できるかを問う

N2 大問のねらい

試験科目 (試験 [解答] 時間)			問題の構成	
			大問	ねらい
言語知識 ・ 読解 (105分)	文字・語彙	1	漢字読み	漢字で書かれた語の読み方を問う
		2	表記	ひらがなで書かれた語が、漢字でどのように書かれるかを問う
		3	語形成	派生語や複合語の知識を問う
		4	文脈規定	文脈によって意味的に規定される語が何であるかを問う
		5	言い換え類義	出題される語や表現と意味的に近い語や表現を問う
		6	用法	出題語が文の中でどのように使われるのかを問う
	文法	7	文の文法1 (文法形式の判断)	文の内容に合った文法形式かどうかを判断することができるかを問う
		8	文の文法2 (文の組み立て)	統語的に正しく、かつ、意味が通る文を組み立てることができるかを問う
		9	文章の文法	文章の流れに合った文かどうかを判断することができるかを問う
	読解	10	内容理解（短文）	生活・仕事などいろいろな話題も含め、説明文や指示文など200字程度のテキストを読んで、内容が理解できるかを問う
		11	内容理解（中文）	比較的平易な内容の評論、解説、エッセイなど500字程度のテキストを読んで、因果関係や理由、概要や筆者の考え方などが理解できるかを問う
		12	統合理解	比較的平易な内容の複数のテキスト（合計600字程度）を読み比べて、比較・統合しながら理解できるかを問う
		13	主張理解（長文）	論理展開が比較的明快な評論など、900字程度のテキストを読んで、全体として伝えようとしている主張や意見がつかめるかを問う
		14	情報検索	広告、パンフレット、情報誌、ビジネス文書などの情報素材（700字程度）の中から必要な情報を探し出すことができるかを問う
聴解 (50分)		1	課題理解	まとまりのあるテキストを聞いて、内容が理解できるかどうかを問う（具体的な課題解決に必要な情報を聞き取り、次に何をするのが適当か理解できるかを問う）
		2	ポイント理解	まとまりのあるテキストを聞いて、内容が理解できるかどうかを問う（事前に示されている聞くべきことをふまえ、ポイントを絞って聞くことができるかを問う）
		3	概要理解	まとまりのあるテキストを聞いて、内容が理解できるかどうかを問う（テキスト全体から話者の意図や主張などが理解できるかを問う）
		4	即時応答	質問などの短い発話を聞いて、適切な応答が選択できるかを問う
		5	統合理解	長めのテキストを聞いて、複数の情報を比較・統合しながら、内容が理解できるかを問う

N3 大問のねらい

試験科目 しけんかもく （試験[解答]時間） しけん かいとう じかん				問題の構成 もんだい こうせい	
			大問 だいもん	ねらい	
言語知識 げんごちしき （30分） ぷん	文字・語彙 もじ ごい	1	漢字読み かんじ よ	漢字で書かれた語の読み方を問う かんじ か ご よ かた と	
		2	表記 ひょうき	ひらがなで書かれた語が、漢字でどのように書かれるかを問う か ご かんじ か と	
		3	文脈規定 ぶんみゃくきてい	文脈によって意味的に規定される語が何であるかを問う ぶんみゃく いみてき きてい ご なん と	
		4	言い換え類義 い か るいぎ	出題される語や表現と意味的に近い語や表現を問う しゅつだい ご ひょうげん いみてき ちか ご ひょうげん と	
		5	用法 ようほう	出題語が文の中でどのように使われるのかを問う しゅつだいご ぶん なか つか と	
言語知識 げんごちしき ・ 読解 どっかい （70分） ぷん	文法 ぶんぽう	1	文の文法1 ぶん ぶんぽう （文法形式の判断） ぶんぽうけいしき はんだん	文の内容に合った文法形式かどうかを判断することができるかを問う ぶん ないよう あ ぶんぽうけいしき はんだん と	
		2	文の文法2 ぶん ぶんぽう （文の組み立て） ぶん く た	統語的に正しく、かつ、意味が通る文を組み立てることができるかを問う とうごてき ただ いみ とお ぶん く た と	
		3	文章の文法 ぶんしょう ぶんぽう	文章の流れに合った文かどうかを判断することができるかを問う ぶんしょう なが あ ぶん はんだん と	
	読解 どっかい	4	内容理解（短文） ないようりかい たんぶん	生活・仕事などいろいろな話題も含め、説明文や指示文など150〜200字程度の書き下ろしのテキストを読んで、内容が理解できるかを問う せいかつ しごと わだい ふく せつめいぶん しじぶん じていど か お よ ないよう りかい と	
		5	内容理解（中文） ないようりかい ちゅうぶん	書き下ろした解説、エッセイなど350字程度のテキストを読んで、キーワードや因果関係などが理解できるかを問う か お かいせつ じていど よ いん が かんけい りかい と	
		6	内容理解（長文） ないようりかい ちょうぶん	解説、エッセイ、手紙など550字程度のテキストを読んで、概要や論理の展開などが理解できるかを問う かいせつ てがみ じていど よ がいよう ろんり てんかい りかい と	
		7	情報検索 じょうほうけんさく	広告、パンフレットなどの書き下ろした情報素材（600字程度）の中から必要な情報を探し出すことができるかを問う こうこく か お じょうほうそざい じていど なか ひつよう じょうほう さが だ と	
聴解 ちょうかい （40分） ぷん		1	課題理解 かだいりかい	まとまりのあるテキストを聞いて、内容が理解できるかどうかを問う（具体的な課題解決に必要な情報を聞き取り、次に何をするのが適当か理解できるかを問う） き ないよう りかい と ぐたいてき かだいかいけつ ひつよう じょうほう き と つぎ なに てきとう りかい と	
		2	ポイント理解 りかい	まとまりのあるテキストを聞いて、内容が理解できるかどうかを問う（事前に示されている聞くべきことをふまえ、ポイントを絞って聞くことができるかを問う） き ないよう りかい と じぜん しめ き しぼ き と	
		3	概要理解 がいようりかい	まとまりのあるテキストを聞いて、内容が理解できるかどうかを問う（テキスト全体から話者の意図や主張などが理解できるかを問う） き ないよう りかい と ぜんたい わしゃ いと しゅちょう りかい と	
		4	発話表現 はつわひょうげん	イラストを見ながら、状況説明を聞いて、適切な発話が選択できるかを問う み じょうきょうせつめい き てきせつ はつわ せんたく と	
		5	即時応答 そくじおうとう	質問などの短い発話を聞いて、適切な応答が選択できるかを問う しつもん みじか はつわ き てきせつ おうとう せんたく と	

N4 大問のねらい

試験科目 （試験［解答］時間）			問題の構成	
			大問	ねらい
言語知識 （30分）	文字・語彙	1	漢字読み	漢字で書かれた語の読み方を問う
		2	表記	ひらがなで書かれた語が、漢字でどのように書かれるかを問う
		3	文脈規定	文脈によって意味的に規定される語が何であるかを問う
		4	言い換え類義	出題される語や表現と意味的に近い語や表現を問う
		5	用法	出題語が文の中でどのように使われるのかを問う
言語知識 ・ 読解 （60分）	文法	1	文の文法1 （文法形式の判断）	文の内容に合った文法形式かどうかを判断することができるかを問う
		2	文の文法2 （文の組み立て）	統語的に正しく、かつ、意味が通る文を組み立てることができるかを問う
		3	文章の文法	文章の流れに合った文かどうかを判断することができるかを問う
	読解	4	内容理解（短文）	学習・生活・仕事に関連した話題・場面の、やさしく書き下ろした100〜200字程度のテキストを読んで、内容が理解できるかを問う
		5	内容理解（中文）	日常的な話題・場面を題材にやさしく書き下ろした450字程度のテキストを読んで、内容が理解できるかを問う
		6	情報検索	案内やお知らせなど書き下ろした400字程度の情報素材の中から必要な情報を探し出すことができるかを問う
聴解 （35分）		1	課題理解	まとまりのあるテキストを聞いて、内容が理解できるかどうかを問う（具体的な課題解決に必要な情報を聞き取り、次に何をするのが適当か理解できるかを問う）
		2	ポイント理解	まとまりのあるテキストを聞いて、内容が理解できるかどうかを問う（事前に示されている聞くべきことをふまえ、ポイントを絞って聞くことができるかを問う）
		3	発話表現	イラストを見ながら、状況説明を聞いて、適切な発話が選択できるかを問う
		4	即時応答	質問などの短い発話を聞いて、適切な応答が選択できるかを問う

N5 大問のねらい

試験科目 (試験 [解答] 時間)		問題の構成	
		大問	ねらい
言語知識 文字・語彙 (25分)	文字・語彙	1 漢字読み	漢字で書かれた語の読み方を問う
		2 表記	ひらがなで書かれた語が、漢字・カタカナでどのように書かれるかを問う
		3 文脈規定	文脈によって意味的に規定される語が何であるかを問う
		4 言い換え類義	出題される語や表現と意味的に近い語や表現を問う
言語知識 ・ 読解 (50分)	文法	1 文の文法1 (文法形式の判断)	文の内容に合った文法形式かどうかを判断することができるかを問う
		2 文の文法2 (文の組み立て)	統語的に正しく、かつ、意味が通る文を組み立てることができるかを問う
		3 文章の文法	文章の流れに合った文かどうかを判断することができるかを問う
	読解	4 内容理解（短文）	学習・生活・仕事に関連した話題・場面の、やさしく書き下ろした80字程度のテキストを読んで、内容が理解できるかを問う
		5 内容理解（中文）	日常的な話題・場面を題材にやさしく書き下ろした250字程度のテキストを読んで、内容が理解できるかを問う
		6 情報検索	案内やお知らせなど書き下ろした250字程度の情報素材の中から必要な情報を探し出すことができるかを問う
聴解 (30分)		1 課題理解	まとまりのあるテキストを聞いて、内容が理解できるかどうかを問う（具体的な課題解決に必要な情報を聞き取り、次に何をするのが適当か理解できるかを問う）
		2 ポイント理解	まとまりのあるテキストを聞いて、内容が理解できるかどうかを問う（事前に示されている聞くべきことをふまえ、ポイントを絞って聞くことができるかを問う）
		3 発話表現	イラストを見ながら、状況説明を聞いて、適切な発話が選択できるかを問う
		4 即時応答	質問などの短い発話を聞いて、適切な応答が選択できるかを問う

⑦ 試験科目と得点区分

　試験結果は、下の表の得点区分にしたがって表示します。N1、N2、N3の得点区分は「言語知識（文字・語彙・文法）」「読解」「聴解」の3区分です。N4、N5の得点区分は「言語知識（文字・語彙・文法）・読解」と「聴解」の2区分です。

　試験を受けるときの「試験科目」と、試験結果を受け取るときの「得点区分」は、下の表のように対応しています。試験科目と得点区分は一致しませんので注意してください。

レベル	試験科目		得点区分	得点の範囲
N1 N2	①言語知識（文字・語彙・文法）・読解	⇒	①言語知識（文字・語彙・文法）	0〜60
			②読解	0〜60
	②聴解		③聴解	0〜60
			総合得点	0〜180

レベル	試験科目		得点区分	得点の範囲
N3	①言語知識（文字・語彙）	⇒	①言語知識（文字・語彙・文法）	0〜60
	②言語知識（文法）・読解		②読解	0〜60
	③聴解		③聴解	0〜60
			総合得点	0〜180

レベル	試験科目		得点区分	得点の範囲
N4 N5	①言語知識（文字・語彙）	⇒	①言語知識（文字・語彙・文法）・読解	0〜120
	②言語知識（文法）・読解			
	③聴解		②聴解	0〜60
			総合得点	0〜180

8 **試験の結果**
しけん けっか

(1) 合否判定
ごうひはんてい

　　合格するためには、①総合得点が合格に必要な点（＝合格点）以上であること、②各得点区分の
ごうかく　　　　　　　　　　　　　　そうごうとくてん　ごうかく　ひつよう　てん　　ごうかくてん　いじょう　　　　　　　　　かくとくてんくぶん

得点が、区分ごとに設けられた合格に必要な点（＝基準点）以上であること、の二つが必要です。
とくてん　くぶん　　もう　　　　　こうかく　ひつよう　てん　きじゅんてん　いじょう　　　　　　　　　ふた　ひつよう

一つでも基準点に達していない得点区分がある場合は、総合得点がどんなに高くても不合格になり
ひと　　　きじゅんてん　たっ　　　　　　　とくてんくぶん　　　ばあい　　そうごうとくてん　　　　　たか　　　ふごうかく

ます。

　　N1 ～ N3 と N4・N5 は、得点区分が異なります。各レベルの合格点及び基準点は下の表のとお
とくてんくぶん　こと　　　　　かく　　　　　　ごうかくてんおよ　きじゅんてん　した　ひょう

りです。

レベル	総合得点 そうごうとくてん		得点区分別得点 とくてんくぶんべつとくてん					
			言語知識 げんごちしき （文字・語彙・文法） もじ　ごい　ぶんぽう		読解 どっかい		聴解 ちょうかい	
	得点の範囲 とくてん　はんい	合格点 ごうかくてん	得点の範囲 とくてん　はんい	基準点 きじゅんてん	得点の範囲 とくてん　はんい	基準点 きじゅんてん	得点の範囲 とくてん　はんい	基準点 きじゅんてん
N1	0 ～ 180点 てん	100点 てん	0 ～ 60点 てん	19点 てん	0 ～ 60点 てん	19点 てん	0 ～ 60点 てん	19点 てん
N2	0 ～ 180点 てん	90点 てん	0 ～ 60点 てん	19点 てん	0 ～ 60点 てん	19点 てん	0 ～ 60点 てん	19点 てん
N3	0 ～ 180点 てん	95点 てん	0 ～ 60点 てん	19点 てん	0 ～ 60点 てん	19点 てん	0 ～ 60点 てん	19点 てん

レベル	総合得点 そうごうとくてん		得点区分別得点 とくてんくぶんべつとくてん			
			言語知識（文字・語彙・文法）・読解 げんごちしき　もじ　ごい　ぶんぽう　どっかい		聴解 ちょうかい	
	得点の範囲 とくてん　はんい	合格点 ごうかくてん	得点の範囲 とくてん　はんい	基準点 きじゅんてん	得点の範囲 とくてん　はんい	基準点 きじゅんてん
N4	0 ～ 180点 てん	90点 てん	0 ～ 120点 てん	38点 てん	0 ～ 60点 てん	19点 てん
N5	0 ～ 180点 てん	80点 てん	0 ～ 120点 てん	38点 てん	0 ～ 60点 てん	19点 てん

(2) 結果の通知
けっか　つうち

　　日本国内での受験者には、全員に「合否結果通知書」（以下「通知書」と言います）を送ります。
にほんこくない　じゅけんしゃ　　ぜんいん　ごうひけっかつうちしょ　いか　つうちしょ　い　　　　　おく

海外での受験者には、全員に「日本語能力試験認定結果及び成績に関する証明書」（以下「証明書」
かいがい　じゅけんしゃ　　ぜんいん　にほんごのうりょくしけんにんていけっかおよ　せいせき　かん　しょうめいしょ　いか　しょうめいしょ

と言います）を送ります。また、合格者には、「日本語能力認定書」（以下「認定書」と言います）
い　　　　　おく　　　　　　　こうかくしゃ　　　にほんごのうりょくにんていしょ　いか　にんていしょ　い

を送ります。日本国内、韓国、台湾、中国で受験し合格した人の認定書には顔写真が載っています。
おく　　にほんこくない　かんこく　たいわん　ちゅうごく　じゅけん　こうかく　ひと　にんていしょ　　かおじゃしん　の

通知書、証明書では、合格、不合格のほかに、試験の得点を下のように表示しています。結果の見かたは下のとおりです。

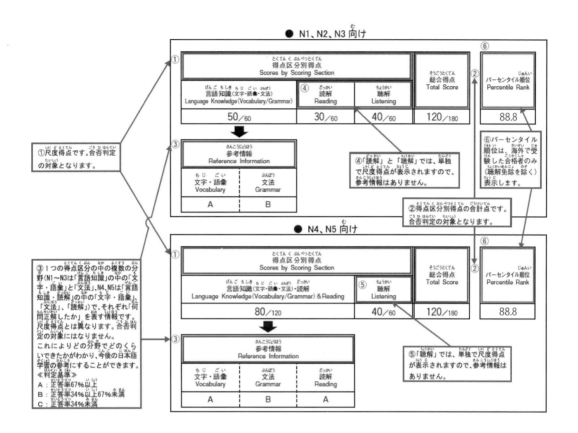

● N1、N2、N3 向け

① 尺度得点です。合否判定の対象となります。

③ 1つの得点区分の中の複数の分野(N1～N3は「言語知識」の中の「文字・語彙」と「文法」、N4、N5は「言語知識・読解」の中の「文字・語彙」、「文法」、「読解」)で、それぞれ「何問正解したか」を表す情報です。尺度得点とは異なります。合否判定の対象にはなりません。これによりどの分野でどのくらいできたかがわかり、今後の日本語学習の参考にすることができます。
《判定基準》
A：正答率67%以上
B：正答率34%以上67%未満
C：正答率34%未満

④「読解」と「聴解」では、単独で尺度得点が表示されますので、参考情報はありません。

② 得点区分別得点の合計点です。合否判定の対象となります。

⑥ パーセンタイル順位は、海外で受験した合格者のみ(聴解免除を除く)表示します。

⑤「聴解」では、単独で尺度得点が表示されますので、参考情報はありません。

一つでも受験した試験科目があれば、通知書または証明書は届きますが、一科目でも欠席すると受験した試験科目も含めて全ての試験科目が採点の対象外となり、不合格になります。その場合、全ての試験科目の得点欄に「＊＊／60」のように＊（アスタリスク）が表示されます。全ての試験科目を欠席した人には、成績書類は届きません。

日本語能力試験の得点は尺度得点です。尺度得点についての詳しい説明は日本語能力試験公式ウェブサイト <www.jlpt.jp/about/pdf/scaledscore_j.pdf> を見てください。

海外で受験した合格者（聴解免除を除く）の証明書には、その試験を含む過去6回の全受験者の中での「パーセンタイル順位」（あなたの得点に満たない受験者は全体の何パーセントを占めているか）が表示されます。

⑨ よくある質問

(1) 試験について

Q. 日本語能力試験はどんな試験ですか。

A. 日本語能力試験は、原則として日本語を母語としない人を対象に、日本国内及び海外で、日本語能力を測定し、認定することを目的としています。

Q. どんな人が受験できますか。

A. 母語が日本語でない人なら、だれでも受験できます。日本国籍を持っているかどうかは関係がありません。年齢制限もありません。

Q. 身体等に障害がある人の受験はできますか。

A. はい、できます。身体等に障害がある人のために、受験上の配慮を行います。受験地の実施機関に問い合わせてください。受験上の配慮を希望する人は、申し込みのとき、願書といっしょに「受験上の配慮申請書」を出す必要があります。

Q. 試験は年に何回行われますか。

A. 7月と12月の2回です。ただし海外では、7月の試験だけ行う都市や、12月の試験だけ行う都市があります。受験したい都市でいつ試験を行うかについては、日本語能力試験公式ウェブサイトの「海外の実施都市・実施機関一覧」<www.jlpt.jp/application/overseas_list.html>を見てください。

Q. 試験はどこで受けられますか。

A. 日本では、47都道府県で受験することができます。海外で受験する人は、日本語能力試験公式ウェブサイトの「海外の実施都市・実施機関一覧」<www.jlpt.jp/application/overseas_list.html>で試験を行う都市を調べることができます。

Q. 全部ではなく、一部の試験科目だけを申し込むことができますか。

A. いいえ、できません。

Q. 受験料、申し込み期限、願書の入手方法など、申し込みのための具体的な手続きを教えてください。

A. 日本で受験したい人は日本国際教育支援協会のウェブサイト< info.jees-jlpt.jp> を見てください。海外で受験したい人は受験地の実施機関に問い合わせてください。海外の実施機関は日本語能力試験公式ウェブサイト <www.jlpt.jp> で確認できます。

Q. 申し込みのとき、試験を受けたい国・地域にいませんが、どうしたらいいですか。

A. 必ず受験地の実施機関に申し込みをしてください。受験地によって申し込みの方法がちがいます。受験地の実施機関に問い合わせてください。自分で申し込みができなかったら、受験地の友だちや知っている人にたのんでください。

Q. 日本語能力試験の主催者はどこですか。

A. 国際交流基金と日本国際教育支援協会です。
国内においては日本国際教育支援協会が、海外においては国際交流基金が各地の実施機関の協力を得て、実施しています。
台湾では、公益財団法人日本台湾交流協会との共催で実施しています。

Q. 日本語能力試験の最新の情報はどこでわかりますか。

A. 日本語能力試験公式ウェブサイト < www.jlpt.jp> を見てください。

(2) レベルについて

Q. どの受験者もみんな同じ問題を受けて、その結果からレベルが判定されるのですか。

A. いいえ。レベル（N1 ~ N5）によって試験問題がちがいます。その人の日本語能力をできるだけ正確に測るために、レベルごとにちがう問題が用意されています。自分に合ったレベルを選んで受験してください。

Q. 受験するレベルはどのように決めればいいですか。

A. 「④ 認定の目安」を参考にしてください。また、この問題集で実際に試験に出るのと同じ形式の問題を解きながら、具体的にレベルを確かめてください。

(3) 試験科目と試験(解答)時間、試験問題について

Q. 日本語能力試験には、会話や作文の試験がありますか。

A. いいえ、今のところ、どちらもありません。

Q. 試験科目や試験(解答)時間はどうなっていますか。

A. 「❺ 試験科目と試験(解答)時間」のとおりです。

Q. N1とN2の試験科目「言語知識(文字・語彙・文法)・読解」が、N3、N4、N5で「言語知識(文字・語彙)」と「言語知識(文法)・読解」の2つに分かれているのはどうしてですか。

A. N3、N4、N5は、試験に出せる語彙や文法の項目が少ないです。それで、N1とN2のように「言語知識(文字・語彙・文法)・読解」と1つの試験科目にまとめると、いくつかの問題がほかの問題のヒントになることがあります。このことを避けるために、N3、N4、N5では「言語知識(文字・語彙)」と「言語知識(文法)・読解」の2つに試験科目が分かれています。

Q. 日本語能力試験の解答方法は、すべてマークシートですか。

A. はい、多枝選択によるマークシート方式です。選択枝の数はほとんど4つですが、「聴解」では3つの問題もあります。

Q. N1とN2の「聴解」の最後の問題で、問題文に、「この問題には練習はありません」と書かれています。これはどういう意味ですか。

A. 「聴解」のほかの問題には、受験者に問題形式や答え方を理解してもらうための例題がありますが、最後の問題にはそのような例題の練習がないということです。

Q. 日本語能力試験では、日本に関する文化的な知識が必要な問題が出題されますか。

A. 日本に関する文化的な知識そのものを問う問題はありません。文化的な内容が問題に含まれる場合もありますが、その知識がなければ解答できないような問題は出題していません。

Q. 試験の問題用紙は、試験終了後、持ち帰ることができますか。

A. 試験の問題用紙を持ち帰ることはできません。問題用紙を持ち帰ると失格になります。

Q. 試験が終わった後で、正解を知ることはできますか。

A. 正解は公開していません。

Q. 過去に出題された試験問題は出版されますか。

A. 毎回の試験をそのまま問題集として出版することはしませんが、2010年に改定した日本語能力試験についてこれまでにこの問題集を含めて2集の『日本語能力試験公式問題集』が発行されています。『日本語能力試験公式問題集』(2012年発行)とこの『日本語能力試験公式問題集 第二集』(2018年発行)には、2010年の改定後実際に出題した試験問題の中から、それぞれ各レベルとも試験1回分に相当する数の問題が掲載されています。

今後も一定期間ごとに、過去に出題した試験問題を使って問題集を発行する予定です。発行時期などは、日本語能力試験公式ウェブサイト <www.jlpt.jp> などで発表します。

Q. 日本語能力試験の試験問題の著作権は、だれが所有しますか。

A. 試験問題の著作権は、主催者の国際交流基金と日本国際教育支援協会が所有します。

本書を無断で転載・複写・複製することは法律で固く禁じられています。

また、試験問題の一部には、第三者の著作物が含まれています。当該第三者の著作物が含まれる部分を使用される場合は、別途著作権者の承諾が必要となります。

(4) 得点と合否判定について

Q. 試験の得点はどのように出されますか。

A. 各レベルの得点区分と得点の範囲は「❼ 試験科目と得点区分」のとおりです。

Q. 試験の結果を受け取ると、N4、N5では、試験科目が別々だった「言語知識(文字・語彙)」と「言語知識(文法)・読解」が、1つの得点区分にまとまっています。どうしてですか。

A. 日本語学習の基礎段階にあるN4、N5では、「言語知識」と「読解」の能力で重なる部分、未分化な部分が多いです。それで、「言語知識」と「読解」の得点を別々に出すよりも、合わせて出す方が学習段階の特徴に合っていると考えているためです。

Q. それぞれの得点区分の中で、各問題の配点はどのようになっていますか。

A. 試験の中には、各問題の配点を決めておき、正解した問題の配点を合計して、得点を出す方式もありますが、日本語能力試験は、「項目応答理論」に基づいた尺度得点方式なので、問題ごとの配点を合計するという方法ではありません。尺度得点についての詳しい説明は日本語能力試験公式ウェブサイト <www.jlpt.jp/about/pdf/scaledscore_j.pdf> を見てください。

Q. 試験の結果をもらったら、思っていた得点と違ったのですが、確かめてもらえますか。

A. 一人一人の得点は、機械処理だけではなく、専門家による厳正な点検をして出しています。受験案内に明記されているように、個別の成績に関する問い合わせには、一切答えられません。なお、日本語能力試験の得点は「尺度得点」という得点です。「尺度得点」は、受験者一人一人の「解答のパターン」をもとに出す得点です。「正解した問題の数」から出される得点ではありません。そのため、自分で思っていた得点とは違う結果になることもあります。尺度得点についての詳しい説明は日本語能力試験公式ウェブサイト <www.jlpt.jp/about/pdf/scaledscore_j.pdf> を見てください。

Q. 結果をもらい、得点はわかりましたが、自分が受験者全体の中でどのくらいの位置だったのか知りたいです。

A. 日本語能力試験公式ウェブサイトの「過去の試験のデータ」<www.jlpt.jp/statistics/archive.html> の各回の試験の詳しい資料に、「尺度得点累積分布図」というグラフが載っています。結果に書かれている尺度得点とこのグラフを使うと、自分と同じ試験を受けた（2016 年第 1 回（7月）試験からは、受けた試験を含む過去 6 回の）受験者全体の中で、自分がどの位置にいるかを知ることができます。

海外で受験した合格者（聴解免除を除く）の成績証明書には、その試験を含む過去 6 回の全受験者の中での「パーセンタイル順位」（あなたの得点に満たない受験者は全体の何パーセントを占めているか）を表示しています。

Q. どうして、合格するために、①総合得点が合格点以上で、②すべての得点区分の得点が基準点以上であることが必要なのですか。

A. 「言語知識」「読解」「聴解」のどの要素の能力もそれぞれ一定程度備えているかどうか、評価するためです。

Q. 受験しない試験科目があったら、どうなりますか。

A. 受験すべき試験科目のうち、1つでも受験しない試験科目があると、不合格になります。「合否結果通知書」または「日本語能力試験認定結果及び成績に関する証明書」は届きますが、受験した試験科目も含めてすべての試験科目の得点が出ません。

Q. ある得点区分が基準点に届かなくて不合格になったら、その次の試験で、その得点区分に対応している試験科目だけを受験して、基準点以上の点をとれば合格になりますか。

A. いいえ。合格・不合格の判定は、1回の試験ごとに、すべての試験科目を受験した人を対象に行います。ですから、基準点を上回らなかった得点区分に対応している試験科目だけを次の試験で受験しても、合格・不合格の判定ができません。次の試験ですべての試験科目を受験して、①総合得点が合格点以上で、②すべての得点区分の得点が基準点以上なら合格です。

(5) 試験の結果について

Q. 試験の結果はいつ、どのようにもらえますか。

A. 合格者には「日本語能力認定書」を交付します。また、日本国内での受験者全員に「合否結果通知書」を送ります。海外での受験者には「日本語能力試験認定結果及び成績に関する証明書」を全員に交付します。日本国内の場合、第1回試験（7月）の結果は9月上旬、第2回試験（12月）の結果は2月上旬に送る予定です。海外の場合は、受験地の実施機関を通じて交付されますので、第1回試験（7月）の結果は10月上旬、第2回試験（12月）の結果は3月上旬に受験者に届く予定です。その月が終わるころになっても届かない場合は、受験地の実施機関に問い合わせてください。

また、試験の結果はインターネットで見ることができます（日本での受験者はインターネット申込者のみ）。第1回試験（7月）は8月末、第2回試験（12月）は1月末に確認できる予定です。見られる期間と内容は、受験した場所によって異なります。日本語能力試験公式ウェブサイトの「試験結果発表」<www.jlpt.jp/guideline/results_online.html> を見てください。

Q. 電話やメールで試験の結果を教えてもらえますか。

A. できません。

Q. 日本語能力試験の認定に有効期限はありますか。

A. 日本語能力試験の認定に有効期限はありません。ただし、試験の結果を参考にする会社や学校が有効期限を決めている場合があるようです。必要に応じて会社や学校に個別に確認してください。

Q. 日本語能力試験の結果は、日本の大学で入学試験の参考資料として使われますか。

A. 日本語能力試験の結果を参考にしている大学もあります。詳しくは志望校に直接問い合わせてください。

Q. 勤務先から日本語能力を公的に証明できる書類を提出するように言われました。過去の受験結果について、証明書の発行が受けられますか。

A. 所定の手続きを行えば、希望者には「日本語能力試験認定結果及び成績に関する証明書」を発行しています。申請方法は、日本で受験した人は日本国際教育支援協会のウェブサイト <info.jees-jlpt> を見てください。海外で受験した人は日本語能力試験公式ウェブサイト <www.jlpt.jp> を見てください。

日本語能力試験　公式問題集　第二集　N5

2018 年 12 月 28 日　初版第 1 刷発行
2020 年　4 月　1 日　初版第 2 刷発行

著作・編集　　　独立行政法人　国際交流基金
　　　　　　　　URL　https://www.jpf.go.jp/

　　　　　　　　公益財団法人　日本国際教育支援協会
　　　　　　　　URL　http://www.jees.or.jp/

　　　　　　　　　　日本語能力試験公式ウェブサイト
　　　　　　　　　　URL　https://www.jlpt.jp/

発行　　　　　　株式会社　凡人社
　　　　　　　　〒 102-0093　東京都千代田区平河町 1-3-13
　　　　　　　　電話　03-3263-3959
　　　　　　　　URL　http://www.bonjinsha.com/

印刷　　　　　　倉敷印刷株式会社